Eurícledes Formiga

Carlos A. Baccelli

Dor e Luz

Capa:
César França de Oliveira

2ª edição - junho/2007
5.000 exemplares
(10.001 ao 15.000)

INSTITUTO DE DIFUSÃO ESPÍRITA
Av. Otto Barreto, 1067 - Caixa Postal 110
CEP 13602-970 - Araras - SP - Brasil
Fone (19) 3541-0077 - Fax (19) 3541-0966
C.G.C. (MF) 44.220.101/0001-43
Inscrição Estadual 182.010.405.118

www.ide.org.br
info@ide.org.br
vendas@ide.org.br

FICHA CATALOGRÁFICA

(Preparada na Editora)

Baccelli, Carlos A., 1952-

B116d *Dor e Luz* / Carlos A. Baccelli, Espírito de Eurícledes Formiga. Araras, SP, IDE, 2ª edição, 2007.

144p.: il.:

ISBN 978-85-7341-367-0

1. Espiritismo 2. Psicografia - Poesias I. Formiga, Eurícledes II. Título.

CDD -133.9
-133.91

Índices para catálogo sistemático:
1. Espiritismo 133.9
2. Psicografia: Poesia: Espiritismo 133.91

Índice

Dois dedos de prosa 9
1 - Espiritismo 13
2 - Companheiro 14
3 - Quando 16
4 - Arauto de Jesus 18
5 - A canção da vida 20
6 - Avisos do caminho 23
7 - À Mocidade Espírita 27
8 - Roda de amigos 30
9 - Canção da água fluidificada 34
10 - Evocação 36
11 - Súplica de poeta 39
12 - A sublime canção 41
13 - Por um minuto apenas 43
14 - Dor e luz 45
15 - Ao tarefeiro espírita 47
16 - Trovas da mediunidade 49
17 - Trovadores na festa 52
18 - Buscando a luz 56
19 - Mais vigilância 58
20 - Mediunidade e Doutrina 60

21 - Tesouro 63
22 - Um passo acima 64
23 - Mediunidade e fé 66
24 - Louvado sejas 68
25 - O espírita 71
26 - Trovas da vida e da morte 74
27 - Assunto de mediunidade 77
28 - Dinheiro e vida 80
29 - Meus irmãos 83
30 - Nossa festa de Natal 85
31 - Se eu não tiver caridade 89
32 - Mensagens do Além 92
33 - Vigilância 95
34 - Servir a Jesus 98
35 - Lenha para a fogueira 101
36 - Domingo de sol 104
37 - Página às mães 107
38 - Mediunidade e paz 110
39 - Trovas aos médiuns 112
40 - De passos firmes 115
41 - Apesar da escuridão 118
42 - Irmão da mediunidade 120
43 - Trovas da primavera 123
44 - Olha o relógio 126
45 - 9 de outubro de 1861 129
46 - Ante o além 131
47 - Trigo de luz 134
48 - Tem razão 136
49 - O grão de areia 138
50 - Presente de Natal 141

Dois dedos de prosa

Amigo Leitor,

que Jesus nos abençoe.

Quando publicamos "Caminheiro", o primeiro livro de nossa lavra de além-túmulo, esforçamo-nos, junto ao irmão de quem nos valemos mediunicamente, para que o estilo literário pelo qual sempre nos identificamos não sofresse distorções de vulto. De certa forma, cremos que o nosso objetivo foi alcançado, em que pesem as naturais limitações de quem necessite valer-se do concurso de alguém para transmitir um recado – limitações que se agigantam, quando o recado a ser transmitido deve acontecer de uma Dimensão para outra.

Nesta obra que ora lhe entregamos às mãos, dando continuidade à nossa tarefa de cooperar na divulgação da Doutrina Espírita, procuramos não nos prender tanto às questões de estilo e linguagem, dando ênfase maior à Mensagem da qual temos a alegria de ser um humilde estafeta, na condição de poeta e médium desencarnado. Entretanto, comparando o livro anterior com este e ainda com as obras recebidas por mim mediunicamente, ao lado das de "minha" própria inspiração e autoria no mundo, os estudiosos poderão perceber que sou eu mesmo, Formiga, em todos os versos que captei ou escrevi, buscando, à feição de um condor, alçar vôos sempre mais altos na direção do Infinito, cuidando para que o sol abrasador do personalismo e da vaidade não derreta as minhas pobres asas de Ícaro...

Sem outras considerações, rogando ao

nosso Mestre e Senhor que nos fortaleça e nos encoraje no trabalho que possegue por bênção maior da Vida, sou o amigo reconhecido de sempre,

Eurícledes Formiga

(Página recebida pelo médium Carlos A. Baccelli, em 01-01-92)

1

Espiritismo

O Espiritismo não deve
Perder a simplicidade,
Sob pena de perder
O endereço da Verdade.

2

Companheiro

(Página a todos os Companheiros que se dedicam à divulgação da mensagem espírita através do Livro)

Companheiro do Livro Espírita-Cristão,
Emissário dos Céus nos caminhos da Terra,
Prossegue no ideal que a Vida te descerra
No trabalho da fé, sob a luz da razão.

O livro que se entrega é semelhante ao pão
Que, por amor, se doa ao faminto que erra,
É fonte de água pura a descer pela serra,
Socorrendo o sedento em grande provação...

Deus te conserve as mãos no cultivo do Bem,
Divulgando, sereno, as verdades do Além,
No sublime labor ao campo que te espera...

Converte a própria vida em Evangelho vivo
E junto com Jesus, o Mestre Redivivo,
Farás brilhar no mundo o sol da Nova Era!

3

Quando...

(Recordando Romanelli)

Quando a tristeza surja de improviso,
Multiplicando as pedras do caminho,
Recorda, meu irmão, onde estiveres,
Que ninguém, ante os Céus, está sozinho...

Quando a vida transforma em pesadelo
Os teus sonhos de paz e de alegria,
Reflete que por mais escura a noite
O Sol volta a brilhar em novo dia...

Quando se te agravarem os problemas
E te sintas cansado de sofrer,
Pensa em Jesus que nunca desanima
E prossegue cumprindo o teu dever...

Quando ferir-te a ingratidão daqueles
Aos quais incentivaste na vitória,
Lembra, enxugando as lágrimas que choras,
Que toda dor no mundo é transitória...

Quando não sabes de que forma agir
Para vencer a prova e ser feliz,
Indeciso em teus passos, não te esqueças
De procurar o bem por diretriz...

Quando, ao peso do lenho sobre os ombros,
Percebes que tropeças, indo ao chão,
Medita que ao teu lado, sem que o vejas,
Há sempre Alguém a te estender a mão...

Quando houveres perdido as esperanças
Na luta que parece não ter fim,
Escuta a voz do Mestre que te fala:
– "Filho, meu fardo é leve... Vem a mim..."

4

Arauto de Jesus

Transforma, amigo, o próprio coração
Em harpa abençoada
E segue, sob a inspiração do bem,
A cantar pela estrada.

Cantando, leva aos tristes companheiros
Que se sentem a sós,
A mensagem do amor e da esperança
Que vibra em todos nós.

Que este seja teu cântico de paz
Qual a fonte a jorrar,
Dessedentando a terra em toda a parte
Sem nada reclamar.

Imita o rouxinol aprisionado
E, embora o amargo pranto,
Que a gaiola da prova que te prende
Não te emudeça o canto.

Que a tua voz se eleve de mansinho
Balsamizando as dores,
E ao fulgor das estrelas se misture
Com o perfume das flores.

Dedilha ao peito a harpa da bondade
A cantar noite e dia,
Compondo com teus gestos de ternura
Excelsa melodia.

Que servindo e cantando pela estrada
Em solfejos de luz,
Cantarás, na verdade, qual se foras
Arauto de Jesus!

5

A canção da vida

Se a treva, ao se pôr o Sol,
Sobre o mundo se arremessa,
Repara que ao fim da noite
Novo dia recomeça.

Se enfrentas em toda a parte
Dificuldades à beça,
Embora tenhas caído,
Levanta-te e recomeça.

Se aquele em quem confiaste
Quebrou a própria promessa,
Esquecendo prejuízos,
Serve mais e recomeça.

Se deparas com alguém
Que ao criticar não se meça,
Sem que pedradas te atinjam,
O teu labor recomeça.

Se algum problema surgindo
O teu caminho atravessa,
A jornada interrompida,
Passo a passo, recomeça.

Se o amigo que hoje te acusa
Explicações não te peça,
O cultivo da amizade,
Em silêncio, recomeça.

Se dos vícios não consegues
Desvencilhar-te depressa,
O esforço por corrigir-te,
Paciente, recomeça.

Se, porventura, o teu chefe
Do serviço te despeça,
Arrimando-te à esperança,
Segue à frente e recomeça.

Se a ingratidão contra ti
De alguma forma se expressa,
Perseverando no bem,
A fazê-lo recomeça.

Se de ser feliz de fato
Houver algo que te impeça,
Escuta a canção da vida:
– Recomeça, recomeça!...

6

Avisos do caminho

A caridade é a virtude
Que, embora vivendo ao léu,
Possui acesso a qualquer
Departamento do Céu.

*

Se desejas encontrar
A paz que em verdade anseias,
Procure não comentar
As desventuras alheias.

*

Mesmo que chores ao chão
Da a prova que te quebranta,
Recorda que, como estejas,
A Mão de Deus te levanta.

*

Às vezes, para que o homem
Consiga, enfim, ser feliz,
É bastante que na vida
Não faça sempre o que quis.

*

Por maior a tua luta,
Nunca te sintas sozinho.
Há quem te acompanhe os passos
No silêncio do caminho.

*

Em nossa casa mental,
Por mais se mantenha alerta,
Obsessor só penetra
Quando encontra a porta aberta.

*

A obsessão que começa
É qual a gripe manhosa
Que se instala pouco a pouco
E sai muito vagarosa...

*

Se te perdeste na estrada
Do prazer que te aborrece,
Reconhecendo os teus erros,
Volta atrás e recomeça.

*

Almas que chegam da Terra,
Anoto todos os dias,
Chorando ao trazer as mãos
Completamente vazias.

*

A vida não contraria
Esta verdade inconteste:
A Lei de Deus não premia
Quem não se aprova no teste.

*

Agradece, meu amigo,
A prova que te atordoa.
Só pode viver em paz
Quem as ofensas perdoa.

*

Se a caridade pudesse
Ser por nós fotografada,
Era a face de Jesus
Sobre a chapa revelada.

*

Meu amigo, a tua cruz
É a tua bendita escora,
Que te sustenta de pé
Pelos caminhos afora...

7

À Mocidade Espírita

Mocidade! O Espiritismo
É luz de Deus no caminho,
É mensagem de esperança
A quem se sente sozinho...

É o Evangelho de Jesus,
Qual Ele nô-lo entregou,
Restaurado por Kardec,
Que o próprio Mestre inspirou...

É a bênção de nossas vidas,
Nosso tesouro maior,
Que nos leva a trabalhar
Por um futuro melhor...

É a nossa oportunidade
De alcançar a redenção,
Erguendo o Reino Divino
Por dentro do coração.

Ante o mundo que se agita,
Neste milênio, ao final,
Tremulemos a bandeira
Do nosso grande Ideal.

Nada nos faça fugir
Ao dever de cada dia,
Carregando o nosso fardo
Com otimismo e alegria.

Estudemos a Doutrina
Em nossos templos de fé,
Assumindo uma tarefa
Que nos sustente de pé.

Sem traços de fanatismo
Sobre as nossas atitudes,
Procuremos fazer força
Na conquista de virtudes.

Mocidade! São chegados
Os tempos que a vida espera...
Precisamos marchar juntos
Ao encontro da Nova Era.

Vamos cantando na estrada
A relembrar os cristãos,
Que pereciam nos circos,
Abraçados, como irmãos.

A nossa luta é bendita.
Fique a tristeza de lado.
Norteando os nossos passos,
Segue à frente o Mestre Amado.

Mocidade! O Espiritismo,
Para os crentes e os ateus,
Unindo fé e razão,
É uma dádiva de Deus!...

8

Roda de amigos

Os trovadores no Além
Seguem querendo cantar,
Entretanto, é raro o médium
Disposto a colaborar.

Formiga

*

Ainda depois da morte,
Quando ouço o som da viola,
Sinto sobre a minha face
Uma lágrima que rola...

Corrêa Júnior

*

Quantas saudades carrego
Em meu peito sofredor,
Do tempo em que fui na Terra
Violeiro e cantador.

Cego Aderaldo

*

A alegria que hoje sinto
Somente será completa,
Se um dia puder, de novo,
Renascer como poeta.

Rogaciano Leite

*

Pena que fosse o meu canto
Só de mulher e paixão...
Pouco exaltei nos meus versos
O puro amor de um irmão.

Clóvis Amorim

*

"Quem canta os males espanta" –
Diz o povo a cada hora...
Quem ama sem ser amado,
Quanto mais ama mais chora.

Dalmo Florence

*

A vida, em si, não desmente
Este estribilho, jamais:
Se quem canta, chora muito,
Quem não canta, chora mais...

Zé da Luz

*

Há trevos de quatro folhas
E a trova tem quatro versos,
Mas a flor da inspiração
Possui espinhos diversos.

Cipriano Jucá

*

No sertão, nada é mais lindo
Do que ouvir em longa estrada,
A cantiga do berrante
E o mugido da boiada.

Catulo

*

Ao grande Luiz Gonzaga
Rendemos nossa homenagem,
Trazendo para a Outra Vida
A sanfona na bagagem.

Cleómenes Campos

*

Quando Jesus veio ao mundo,
Nascendo num berço ao léu,
Proclamando a Boa Nova
Anjos cantaram no céu.

Formiga

9

Canção da água fluidificada

(Ao nosso caro irmão Sérgio, com amizade e carinho)

Ouvi, Senhor, a prece que nos guia
E derramai nas águas sobre a mesa,
Dos cântaros de luz da Natureza
Os fluidos salutares da alegria.

Como outrora, na paz de humilde lar,
Em vinho santo que combata o tédio,
Transformai estas águas no remédio
Que, em Vosso Nome, o enfermo há de curar.

Permiti com que a Fonte Cristalina
Do Vosso Excelso e Sublimado Amor,
Possa dessedentar o viajor
Que pela vida, exausto, peregrina.

Qual destes à mulher samaritana,
A taça de água pura da Fé Viva,
Doai-nos a Verdade Rediviva
Que flui dos Vossos lábios, soberana.

Dos cântaros de luz da Natureza,
Ouvi, Senhor, a prece que nos guia,
Os fluidos salutares da alegria
Derramai nestas águas sobre a mesa.

10

Evocação

Quem vê tanta beleza sobre a Terra,
Como não pode crer que exista Deus?!...
Como negar, qual negam os ateus,
A Verdade Maior que a vida encerra?...

Quem fez a chuva a deslizar tranqüila,
Caindo das alturas na amplidão?...
E quem compôs a mística canção
Que o mar entoa à praia, que cintila?...

Quem fez as flores das sibipirunas
E as nuvens que passeiam no Infinito?...
Quem esculpiu os montes de granito
E, no deserto, as solitárias dunas?...

Quem encheu este mundo de esperança,
No verde, em tons de múltiplos matizes?...
Em quem aos lares, tristes ou felizes,
Concedeu o sorriso da criança?...

Quem acendeu no espaço o etéreo lume
Do Sol, que se consome no que faz?...
E quem soprou a brisa que nos traz
Do roseiral as vagas de perfume?...

E quem terá entretecido os ninhos
Nas árvores mais altas das florestas?...
E quem será que rege essas orquestras
Que formam, nos quintais, os passarinhos?...

Quem prateou as noites de luar?...
Quem pintou este azul no firmamento
E quem asas nos deu ao pensamento
Para que, aos céus, pudéssemos voar?...

Quem nos plasmou o coração materno
Que nos repleta de felicidade?...
E quem ergueu a ponte da saudade,
Unindo as almas no caminho eterno?...

Quem terá sido o Autor de tudo isto
Que, em êxtase, contemplo a cada dia?...
Quem inspirou a Excelsa Melodia
Nas rimas do Evangelho a Jesus Cristo?...

A Verdade Maior que a vida encerra,
Como negar, qual negam os ateus?...
Como não pode crer que exista Deus,
Quem vê tanta beleza sobre a Terra?!...

11

Súplica de poeta

Senhor Jesus, eu não desejo nada
Quando voltar à Terra em nova lida,
Nas provas que minh'alma desvalida
Necessite sofrer na humana estrada.

Eu não Te peço que me dês à vida,
Um berço de ouro, uma família amada,
Nem qualquer privilégio na jornada,
Que possas conceder-me por guarida.

Na prece que Te elevo, reverente,
Entre todas as bênçãos, eis somente
O que suplico ao Teu imenso Amor...

Do que a Tua bondade me ofereça,
Deixa comigo, embora eu não mereça,
O dom de ser poeta e cantador!

12

A sublime canção

Recordo-te, Senhor, a Divina Presença
Quando alteias a voz ao topo da montanha...
Falas à multidão que Te escuta e acompanha
Os Teus gestos de paz, por Teus lábios
[suspensa...

O Teu verbo de luz pela planície imensa,
Conclama a Humanidade à sublime façanha
De porfiar no bem, ante o mal que se assanha
E Te espreita, de longe, em rude indiferença...

Depois, partes o pão alimentando a fome
Do povo que sorri e Te bendiz o Nome,
Trazendo o coração repleto de esperanças...

Porque, naquela tarde, entre todas bendita,
Aos acordes do amor e uma paz infinita,
Entoaste a Canção das Bem-Aventuranças!...

13

Por um minuto apenas

Por um minuto apenas,
Distribui alegria
Com quem sofre sozinho
A dor de cada dia.

Por um minuto apenas,
Abre o teu coração,
Estendendo ao faminto
Pedaços do teu pão.

Dispõe de tuas vestes
Agasalhando os nus,
Por um minuto apenas,
Em nome de Jesus.

Por um minuto apenas,
Fala a palavra boa,
Que esclarece e ilumina,
Encoraja e abençoa.

Por um minuto apenas,
Sem pensar em revide,
Ante qualquer ofensa,
Perdoa quem te agride.

Se te sentes cansado
Nesta estrada distante,
Por um minuto apenas,
Leva esta cruz adiante.

E, então, perceberás,
Vencendo as próprias penas,
Quanto foste feliz,
Em um minuto apenas.

14

Dor e luz

Cai a noite sobre a Terra,
Rolando da imensidão...
Entretanto, Deus acende
Estrelas na escuridão.

A roseira sofre a poda
Lamentando a provação,
Mas a mostrar-se mais bela,
Surge em nova floração.

Geme a semente esquecida
Num simples trato de chão,
Mas vem a chuva e a transforma
Em trigo que faz o pão.

O barro triste e disforme,
Do fogo sentindo a ação,
É a mais rica porcelana
De luxuosa mansão.

No leito dos oceanos,
Em difícil gestação,
É que a ostra produz a pérola,
Prodígio de perfeição.

Assim, também, é com o homem
Na estrada da redenção:
A dor que o aflige e atordoa,
É luz em seu coração!...

15

Ao tarefeiro espírita

Companheiro de ideal,
Ante a luz do Espiritismo,
Perseveremos na fé
Sem laivos de fanatismo.

Prossigamos na tarefa
De divulgar a Verdade
Com a palavra do exemplo,
Na lição da Caridade

Não critiquemos a crença
De ninguém, seja qual for,
Trabalhando com afinco
Na reforma interior.

Evitemos a polêmica
Tão a gosto dos ateus...
Não há maior contra-senso
Que a briga em nome de Deus.

O tempo passa depressa...
Não adiemos a hora.
O dever que nos compete,
Busquemos cumprir agora.

Reflitamos neste aviso
Que o Mestre Amado nos dá:
De quem muito recebeu,
Muito mais se pedirá.

16

Trovas da mediunidade

Mediunidade parece
Uma semente no chão
Que, germinando, floresce
Sob o sol da provação.

*

Quem busca a mediunidade
No campo a que se destina,
Se não tem idoneidade
Encontra a própria ruína.

*

Porque das bênçãos do Além
Ele se faça o emissário,
Muito médium também tem,
Sobre a Terra, o seu Calvário.

*

Médium disposto a servir
No apostolado da fé,
Mesmo podendo cair,
Quando cai, fica de pé.

*

Quem, em nome de Jesus,
Um simples pão doa aos pobres,
Está, da Divina Luz,
Sendo um médium dos mais nobres.

*

Dizendo seguir o Cristo,
A mostrar-se irritadiço,
Há médium que quer ser visto,
Mas não deseja serviço.

*

Mediunidade é sentido
Que no homem desabrocha,
E se faz desenvolvido
Quanto mais nele se arrocha.

*

Médium que pensa no Céu,
Mas não estuda e trabalha,
É nuvem vagando ao léu
Que ao dar o vento se espalha.

*

Ser médium no Espiritismo
É ser um homem comum,
Evitando o fanatismo
Que arrasa com qualquer um.

*

O médium na sua lida,
Na tarefa a que se exorte,
É combatente da vida
Na vitória contra a morte.

17

Trovadores na festa

Dão licença, meus irmãos,
Dão licença em confiança,
Porque também nós queremos
Participar da festança.

Formiga

*

Neste *arraiá* de Jesus
Tristeza não tem lugar.
Quem tenha pranto nos olhos
Faça o favor de enxugar.

Clóvis Amorim

*

No salão embandeirado,
Comandando o arrasta-pé,
Segue à frente, braços dados,
A Caridade com a Fé.

Dalmo Florence

*

Entre os pares da "quadrilha"
Eu me ajeito de *carona,*
Que não posso ficar quieto
Ouvindo o som da sanfona.

Cego Aderaldo

*

Não consegue ficar quieto?!
Então sou eu e você,
Que só de ver a sanfona
Vou gritando *balancê...*

Zé da Luz

*

Alto lá que é a minha vez...
Quero um gole de *quentão*,
Para matar a saudade
Que vive em meu coração...

Catulo

*

Que o *quentão* seja servido
Numa caneca furada,
Pois muita gente já é
De *natureza esquentada*...

Cipriano Jucá

*

"*Óia* o caminho da roça...
Óia a cobra... *Invém* a chuva..."
Para que seja o meu par
Eu procuro uma viúva.

Corrêa Júnior

*

Joga lenha na fogueira,
Não deixe que ela se apague...
Preciso de uma morena
Que me beije e que me afague.

Lúcio Mendonça

*

E que viva Santo Antônio,
O santo casamenteiro,
São Pedro, São João Batista
E mais algum futriqueiro...

Rogaciano Leite

*

Perdoem nossa alegria...
Tudo é paz, amor e luz.
Tristeza não tem lugar
Neste *arraiá* de Jesus.

Formiga

18

Buscando a luz

Não te iludas, meu amigo,
A vida é eterno volver...
A roseira decepada,
Voltará a florescer...

Olha a semente de trigo
Encarcerada no chão...
Ei-la que, em breve, ressurge
Para o milagre do pão...

Contempla o incêndio que lavra
Sobre a floresta, voraz...
Cai a chuva de mansinho
E a floresta se refaz.

A lagarta no casulo,
Aparentemente morta,
Transforma-se em bailarina
No vôo em que se transporta...

No horizonte, o Sol se oculta
E apaga a luz que irradia,
Entretanto, após a noite,
Brilhará num novo dia.

Em verdade, ninguém chega
Ao termo da caminhada...
Onde uma estrada termina,
Começa uma nova estrada...

Vida e morte, morte e vida,
São estágios naturais
Nas vidas que se sucedem
Sem que se extingam, jamais...

Nascer, morrer renascer... –
Eis a que a Lei nos concita,
Buscando alcançar a luz
Da Perfeição infinita!

19

Mais vigilância

– "O dia será propício...
Vamos agir sem detença.
Afinal – disse o primeiro –,
O que é que essa gente pensa?!..."

– "Sim, vamos mostrar de vez –
Sorriu, falando o segundo –,
Que o mal, apesar do bem,
Ainda manda no mundo..."

E a Falange do Invisível,
Atuando, sorrateira,
Faz nascer a confusão
De uma simples brincadeira...

O ambiente se carrega
De pesadas vibrações,
Mas quem vigia procura
Controlar as emoções.

O problema é contornado
Com o auxílio do Mais Alto,
Que, intervindo, prontamente,
Faz frustrar mais esse assalto...

Os dois comparsas das trevas,
Quando se sentem suspeitos,
Prometendo um novo ataque
Vão-se embora contrafeitos...

Para o grupo de trabalho,
Fica, no entanto, a lição:
Em cada qual, é preciso
Mais vigilância e oração.

Se Pedro cortou a orelha
De quem prendia Jesus,
O que não faremos nós
Distantes da Excelsa Luz?!...

20

Mediunidade e Doutrina

A quem deseja ser médium
Fica aqui este recado:
Mediunidade é serviço
No bem desinteressado.

Médium que muito duvida,
Não raro, busca pretexto,
Para, da ação que lhe cabe,
Fugir ao próprio contexto.

Mediunidade é uma Lei
Que se revela eficaz...
Ninguém nunca está sozinho,
Naquilo que pensa ou faz.

E sendo Lei, tal qual é,
Está na base de tudo,
De quem queira compreendê-la,
Reclamando mais estudo.

O médium não deve ter
Receio de *lero-lero*,
Se, ante o dever a cumprir,
Sempre se mostra sincero.

Que, portanto, siga à frente,
No bem desinteressado.
Mediunidade é serviço,
O resto é "papo-furado".

Médiuns existem diversos,
Mediunidade também...
Mediunidade e doutrina
É raro o médium que tem.

Para o médium que, no mundo,
Sem rumo se movimenta,
Mediunidade é um caminho
Que a Doutrina pavimenta.

"Mediunidade e Doutrina" –
Eis o binômio de luz,
A quem deseja ser médium
Com Allan Kardec e Jesus.

(Trovas recebidas pelo médium Carlos A. Baccelli, na reunião pública do "Lar Espírita Pedro e Paulo", na manhã do dia 26-8-90, em Uberaba - MG, alusivas ao livro "Mediunidade e Doutrina", de autoria espiritual de Odilon Fernandes, edição IDE)

21

Tesouro

Aventurados que somos!...
Não temos prata nem ouro.
A bênção do Espiritismo
É o nosso maior tesouro!

22

Um passo acima

Avante, companheiro!... Um passo além
Na estrada que aos teus olhos se descerra...
Não receies, no mundo, a estranha guerra
Na força com que o mal se opõe ao bem...

Prossegue intimorato, sem desdém
Das lutas que faceias sobre a Terra,
Como quem leva o fardo a que se aferra
Com o acendrado amor que à vida tem...

Contempla, ao longe, o monte redentor
E esquece, à retaguarda, sombra e dor,
Arrimando-te à fé, pura e sincera...

Avante, meu irmão!... Um passo acima
Na jornada de luz que te sublima,
Ao encontro do Cristo que te espera!...

23

Mediunidade e fé

O Espírito se aproxima
Necessitando falar,
Entretanto, há pouco médium
Disposto a colaborar.

Com receio de animismo,
Ou de mistificação,
O médium vacila na hora
De haver a "incorporação".

Quer total inconsciência
Para crer que não se engana;
Se, depois, nada se lembra,
Diz que tem a mente insana.

É difícil contentar
O médium que anseia mais
Satisfazer a si mesmo
Que socorrer aos demais...

De todos os obstáculos
Que ao médium buscam se opor,
O obstáculo da dúvida
É o pior de se transpor.

– "Será que devo, ou não devo?...
Será que é, ou não é?!..."
Ele reflete, esperando
O instante de dar no pé...

E o espírito que precisa
Dizer como está por dentro,
Afastando-se do médium,
Vai procurar outro Centro...

Médiuns, irmãos, escutai!...
Se há quem duvide de nós,
Em nome de Jesus Cristo
Não duvidamos de vós!

24

Louvado sejas

Louvado sejas, Senhor,
Pela crença que nos deste,
No Espiritismo cristão,
Nosso tesouro celeste.

Pela bênção do trabalho,
Em que a todos nos renovas
E, aos poucos, nos auxilias
A vencer as nossas provas.

Pela luz que vislumbramos
Entre as trevas do caminho,
Em que ainda nos movemos
Seguindo devagarinho...

Pela paz que já sentimos
No fragor da própria luta
Que, em verdade, Mestre Amado,
Ninguém no mundo desfruta.

Por tantos amigos bons
Que vêm se juntar a nós
E, lado a lado, conosco,
Fazem coro à nossa voz.

Por este instante sublime
De intercâmbio e de oração,
Em que a vida nos ensina
A comer do mesmo pão.

Por este ideal maior
De servir sem recompensa
E de seguir sempre adiante
Perdoando toda ofensa.

Pelas pedras de tropeço
Que nos mostram tanta vez,
Quando caímos ao chão,
Nossa própria pequenez.

Pelas flores no jardim,
Pelo sol sobre o telheiro
E a orquestra dos passarinhos
Cantando no abacateiro...

Por tudo quanto nos dás,
Em nome do Excelso Amor,
Eis que aqui Te repetimos:
Louvado sejas, Senhor!...

25

O espírita

Se, realmente, desejas
Ser espírita-cristão,
Companheiro, não te esqueças
Da própria transformação.

Não exije o Espiritismo
Que o homem se santifique,
Mas espera que se esforce
Para que se modifique.

Mostraria incoerência
E estranho modo de ser,
Quem, na crença que professa,
Não procurasse viver.

De todo, mergulharia
Neste equívoco profundo,
Quem jamais se preocupasse
Em reformar-se no mundo.

Mas o espírita fiel
À mensagem do Evangelho,
Faz nascer o homem-novo
Das sombras do homem-velho.

Combatendo imperfeições
Que consigo ainda carrega,
Consciente da vitória,
À derrota não se entrega.

Ferido em tantas batalhas
Travadas no dia-a-dia,
Embora esteja chorando,
Ele demonstra alegria.

Não recrimina ninguém,
Fugindo ao personalismo
Que obscurece a razão,
Em nome do fanatismo.

Se cai, levanta e caminha...
Não fica no chão a esmo,
Nem lamenta a dura sorte,
Tendo pena de si mesmo.

Pois, ser espírita, amigo,
É caminhar sob a cruz,
Um passo adiante de si,
Um passo atrás de Jesus!...

26

Trovas da vida e da morte

Não acredites que a morte
Seja o termo da jornada,
Pois, nos caminhos da vida,
Ninguém chega ao fim da estrada.

*

Morri, no entanto, estou vivo...
Eis-me aqui para provar
Que sou eu mesmo, Formiga,
Que continuo a cantar...

*

Louvo a Deus a inspiração
Que me asserena e faz forte...
De tanto cantar na vida,
Voltei cantando da morte.

*

De que sou eu quem escreve,
Como dar-lhes maior prova?!
O médium que aqui me serve
Nunca compôs uma trova!...

*

Na falta de um bom "cavalo",
Marchador, como eu queria,
Esporo este "burro bravo"
Para escrever poesia.

*

No Além, a vida prossegue
Sem grandes alterações...
Na morte, o que morre mesmo
São as nossas ilusões...

*

Queres saber como é
A vida em que estou agora?!...
Neste mundo, meu amigo,
É que na *rampa se chora*...

*

A morte não dá moleza
A quem foi mole na vida.
Quem cantou descendo a serra,
Cante agora na subida...

*

Se não fosse o Espiritismo
Combater a obsessão,
Muita gente que conheço
Estaria na prisão.

*

Não posso conter o pranto,
Quando recordo Jesus,
Sozinho, braços abertos,
Vencendo a morte na cruz!

27

Assunto de mediunidade

São inúmeros os médiuns
Com os quais eu me deparo...
Médium que quer trabalhar,
Entretanto, é muito raro.

*

O médium que tem receio
De ser desacreditado,
Não consegue caminhar
Nem mesmo quando empurrado.

*

Vendo o serviço crescer,
O médium Tonico Brás
Saiu correndo do Centro,
Sem nem olhar para trás...

*

Quem diz que anseia ser médium,
Demonstra, quando descamba,
Que deseja ser *passista*
Mas é de escola de samba.

*

Médium que não leva a sério
O próprio dom que "esculacha",
Bem mais cedo do que pensa
Acaba levando "graxa"...

*

Um aviso aos navegantes:
No mar da mediunidade,
Só navega em segurança
O médium sem vaidade.

*

Médium que teima em ficar
Sentado "em cima do muro",
Quando resolve descer
Arrisca um salto no escuro...

*

Muita gente não se avexa
No mal a que se disponha,
Entretanto, de ser médium
Muita gente tem vergonha...

*

Médium que muito "corneta"
Sobre o que vê ou não vê,
Acaba falando tanto
Que de si próprio descrê.

*

Ensinando a Boa Nova
Para os crentes e os ateus,
Refletindo a Luz Divina
Jesus foi Médium de Deus.

28

Dinheiro e vida

Dinheiro guardado em cofre,
Qual se o fosse em cova escura,
Mostra que toda ambição
Vai parar na sepultura.

*

O dinheiro é feito sangue
No organismo social...
Se deixa de circular,
É um descontrole geral.

*

Caridade é investimento
Que ainda mais se valoriza,
Quando, quem busca fazê-lo,
Quase nada economiza.

*

A aplicação que efetuas
No bem que fazes em torno,
Provoca, sem que percebas,
Imediato retorno.

*

Entre os valores da vida
Esta verdade cintila:
Não há riqueza maior
Que a consciência tranqüila.

*

Quem reparte o próprio pão
Para que a fome se acabe,
Nos Bancos da Eternidade
É milionário e não sabe.

*

Grande latifundiário,
O finado Mané Serra
Descobriu que possuía
Só sete palmos de terra...

*

Em quem é rico e mantém
À mão fechada os seus medos,
A fortuna que acumula
Escapa por entre os dedos...

*

Nada te empobrece tanto
O que por ti testificas:
Dinheiro jogado fora
Nos excessos que praticas.

*

Numa humilde estrebaria,
De um pobre berço oriundo,
Foi que escolheu vir à Terra
O próprio Senhor do mundo!

29

Meus irmãos

Meus irmãos, mediunidade
É um terreno abençoado
Em que cada médium colhe
O que nele houver plantado.

Trabalhemos com afinco
Nesta seara de luz,
Cultivando a sementeira
Do serviço com Jesus.

Não deixemos a charrua
Em qualquer canto esquecida,
Qual enxada que a ferrugem
Em pouco tempo invalida.

Nem sejamos a figueira,
Que frutos devia ter
Quando o Mestre a procurou,
Para dela se valer...

Quem for médium sempre esteja
Em condições de servir...
Mesmo que esteja chorando,
Deve aprender a sorrir.

Que se esqueça dos problemas
Que afirma ter de *montão*,
Pois para viver em paz,
Esta é a melhor solução.

Que médium que se dá ao luxo
De não ter problema algum,
Se existe, devo dizer-lhes
Que não conheço nenhum!...

30

Nossa festa de Natal

Há muita gente conosco
Neste banquete de luz,
Em que, juntos, partilhamos
O pão da fé em Jesus.

Entre tantos companheiros
Em condições de escrever,
Sou eu, o menor de todos,
Que lhes venho agradecer...

Doutor Bezerra me diz:
– "Formiga, fale por nós...
Por você, nossos irmãos
Hão de ouvir a nossa voz."

Falar de tudo o que sinto,
Sei que é muita pretensão,
E, por isto, simplesmente,
Quero pedir permissão...

Permissão para beijar,
No afeto que nos comanda,
Ao lado de Augusto Cezar,
As mãos de Dona Yolanda...

E, sem ferir-lhe a modéstia
De irmã devotada ao bem,
Ao seu grupo de trabalho
Desejo abraçar também...

Que esta equipe continue,
Na paz do "Lar-Oficina",
Percorrendo este caminho
Que a Caridade ilumina...

Conosco estão Tiaminho,
Wady e Jair Presente,
Laurinho, Walter Perrone,
Com o Augusto sempre à frente...

Vejo ainda a Volquimar,
O Wilson ao lado do Tato...
A turma do "Somos Seis"
Prossegue firme de fato...

Nossa Claudinha Galasse,
Alexandre e Moacyr,
Dona Fifina, Mercedes,
Maria Eunice a sorrir...

O nosso Weaker Batista,
De todo agora refeito,
Abraçando a Dona Zilda
Se diz muito satisfeito...

Dona Carmen e Luíza
Conversam com o Gonçalves...
O Jô envia lembranças
Para a Nena e para o Galves...

Repartindo miosótis
Num *bouquet* de amor sem-fim,
Permanecem no recinto
Os nossos Tonho e Joaquim...

São tantos... Não posso mais,
Citá-los como eu queria...
Esta Casa está em festa
Desde que nasceu o dia...

Entretanto, mais um nome
Preciso citar ainda:
Eu estou me referindo
À nossa querida Erminda...

Agora, é o ponto final.
Desculpem amigos meus,
Mas os nomes que esqueci,
Serão lembrados por Deus.

Antes, porém, que eu me vá,
Rogo aos Céus em pranto mudo
Pela saúde do Chico,
Razão de ser disto tudo...

Despedindo-me, feliz,
Nesta assembléia de luz,
Cantamos juntos em prece:
– "Viva o Natal de Jesus!..."

31

Se eu não tiver caridade

De que me vale, Senhor,
Ser amigo da Verdade,
Se com os meus companheiros
Eu não tiver caridade?!...

De que me vale almejar
A conquista da humildade,
Se com quem me põe à prova
Eu não tiver caridade?!...

De que me vale o ideal
De servir à Humanidade,
Se com um só de meus irmãos
Eu não tiver caridade?!...

De que me vale guardar,
No coração, piedade,
Se no afã de minhas mãos
Eu não tiver caridade?!...

De que me vale aos Teus passos
Demonstrar fidelidade,
Se com quem segue comigo
Eu não tiver caridade?!...

De que me vale *lá fora*
Repartir felicidade,
Se dentro da própria casa
Eu não tiver caridade?!...

De que me vale saber
O idioma da bondade,
Se falando sobre alguém
Eu não tiver caridade?!...

De que me vale lutar
Contra a humana vaidade,
Se com os defeitos alheios
Eu não tiver caridade?!...

De que me vale sonhar
Com a paz que não se degrade,
Se ante as pedras do caminho
Eu não tiver caridade?!...

De que me vale, Senhor,
Conhecer Tua vontade,
Se, enfim, só faço o que quero
E não tenho caridade?!...

32

Mensagens do Além

Muita gente quer mensagem
Dos amigos que *partiram*,
Entretanto, não é fácil
Atender aos que pediram...

Alguns voltaram à Terra
Numa nova encarnação;
Muitos se encontram lutando
Em outros campos de ação...

Há quem receie escrever
Aos corações tutelares,
Pelo nível de exigência
Dos próprios familiares...

Por estranho que pareça
– Digo isto meio sem jeito –,
De adentrar um Centro Espírita,
Tem "morto" com preconceito...

Espíritos arraigados
Ao que fizeram no mundo,
Face a face com a Verdade,
Sofrem desgosto profundo...

O médium, por sua vez,
Teme igualmente se expor
Às pedradas que lhe atira
Quem critica sem amor...

Entre nós, fica esse impasse
Difícil de resolver...
A gente faz o que pode
E deixa o tempo correr...

Quem sabe daqui a cem anos,
Sozinho, às vezes, reflito,
Não tenhamos tanto entrave
Neste intercâmbio bendito...

Mais espiritualizado,
Quem sabe, futuramente,
O homem mantenha contato
Com os “mortos” naturalmente...

Até lá, vamos cavando
Este *túnel* dos dois lados...
Nós daqui, vocês daí,
E ficamos conversados...

Quanto à descrença, deixemos
Quem a ela se reduz,
Mantendo sempre mais viva
A nossa fé em Jesus!

33

Vigilância

Vigilância, meus irmãos,
Nos tempos que atravessamos,
Se faz tanto necessária
Quanto o ar que respiramos...

Vigilância a cada instante,
No coração e na mente,
Que a idéia que nos perturbe
Pode surgir de repente...

Vigilância nas palavras
E também nas atitudes,
Evitando decisões,
Precipitadas ou rudes...

Vigilância no trabalho
E no aconchego do lar,
Buscando não ter mais tarde
Motivos para chorar...

Vigilância que se aplique
Contra a alheia tentação,
Mas vigilância dobrada
Contra a própria imperfeição...

Vigilância sempre ativa
No que lhe cabe fazer,
Sem nunca cruzar os braços
À execução do dever...

Vigilância que nos seja
Incansável sentinela,
Restaurando a nossa paz
De quem trama contra ela...

Vigilância quando as coisas
Não estão como convém,
Vigilância quando tudo
Parece estar indo bem...

Vigilância sobre o tempo,
Que o tempo passa depressa
E quem não valorizá-lo
Acaba sofrendo à beça...

A proteção do Senhor,
Com todos nós se reparte,
Mas espera que igualmente
Façamos de nossa parte!

34

Servir a Jesus

Meu amigo, o Espiritismo
Nada exige de ninguém...
Cada qual faz de si mesmo
O que a si próprio convém.

Não pede a transformação
Instantânea de quem seja,
Porque todo homem é livre
Para ser o que deseja.

Não proíbe coisa alguma
A nenhum de seus fiéis,
Que, certamente, é que sabem
Como gastar os seus "réis"...

Não impõe quaisquer preceitos,
Antigos ou atuais,
A quem procura uma crença
Sem normas e rituais.

Não condena quem errou,
Ou a quem ainda erra,
Consciente de que "santos"
Não existem sobre a Terra...

Entretanto, o Espiritismo
No afã a que se propõe,
Necessita do concurso
De quem ao bem se dispõe.

Não afirmes seja pouco
O que tenhas para dar...
Se possuis boa vontade,
O resto vem devagar...

Nem digas que te envergonhas
Do que fazes ou fizeste...
Deus te ama tal qual és,
No amor com que te reveste.

Da paz do seu Reino Excelso,
O Senhor te segue os passos,
Mas, para trazê-lo ao mundo,
Necessita dos teus braços...

Guarda contigo a certeza,
Que nada te compromete
E servir a Jesus Cristo
É a honra que te compete!

35

Lenha para a fogueira

Meus irmãos, vendo crescer
O nosso humilde trabalho,
Fico a cismar em um canto
Com o meu raciocínio falho...

Que será que vai virar
Esta nossa reunião?! –
Eu me questiono e me aflijo,
Contemplando a multidão.

Que será que o povo espera
De nós, uns pobres coitados,
Que muito mal conseguimos
Redigir estes recados?!

Mais não temos para dar...
Isto é tudo o que podemos,
E servir a Jesus Cristo
É somente o que queremos.

Às vezes, tenho vontade
De, na estrada, dar no pé;
O que, por certo, faria
Se não fosse Irmão José...

Pois é ele quem me diz
– Tanto a mim quanto aos demais –,
O que preciso escutar
Em favor da própria paz:

– "Formiga, não se preocupe...
Façamos de nossa parte.
A Bondade do Senhor
Com todos nós se reparte...

Nossos irmãos sabem disto...
O Espiritismo é uma luz,
Que no mundo se acendeu
Com a proteção de Jesus...

Dessa luz que resplandece
E clareia a Terra inteira,
Formiga, nós não passamos
De lenha para a fogueira..."

Mas dessa excelsa "fogueira",
Com meu jeito de ranzinza,
Se Irmão José é um graveto,
Eu não sou mais do que cinza!...

36

Domingo de sol

Escutei você pensando:
– "Neste domingo de sol,
Estou aqui a rezar,
Perdendo o meu futebol?!

Podia estar na piscina,
Comendo filé na brasa,
Ou vendo televisão
Curtindo um sofá em casa...

Tudo isto é muito enfadonho...
Domingo eu não venho mais,
Sou espírita-cristão,
Mas assim já é demais..."

Não serei eu, meu amigo,
A deixá-lo contrafeito...
De fazer o que deseja,
Você tem todo o direito.

Longe de mim vir aqui
Com lenga-lenga e sermão
Sei o quanto ainda estou
Distante da perfeição.

Entretanto, pense um pouco
No tempo que já perdemos,
Com tantas futilidades
Nas vidas que já vivemos...

Quantas vezes permutamos
O dever pelo prazer,
Plantando desilusões
Tão difíceis de colher?!

Dois mil anos se passaram
E o Evangelho permanece
Como a grande novidade
Que quase ninguém conhece...

Feliz de quem já consegue
Renunciar a si mesmo
E, nos caminhos do mundo,
Deixar de vagar a esmo...

No mais, você me perdoe
Pois não sou alma de escol...
Você faça o que quiser
Com o seu domingo de sol!

37

Páginas às mães

Diz a lenda que Maria,
A Excelsa Mãe de Jesus
Ao Calvário regressou
Após o Dia da cruz...

Abandonada à poeira,
De tão ásperos caminhos,
Inda toda ensangüentada
Estava a coroa de espinhos...

Por certo, fora esquecida
Quando desceram da altura
O corpo do Filho amado,
Conduzido à sepultura...

Ao peso da dor imensa,
Ela ajoelha-se ao chão,
Guardando a triste relíquia
De encontro ao seu coração...

Alça a fronte ao firmamento,
Com o pranto a rolar dos olhos
Caindo, sem que perceba,
Sobre a coroa de abrolhos...

De repente, ó maravilha
Que a palavra não resume:
Os espinhos ressequidos
Exalam doce perfume...

Um a um vão florescendo
Num prodígio de beleza,
Qual se operasse um milagre
O reino da Natureza...

E ao coração de Maria,
Balsamizando-lhe as dores,
A coroa se transforma
Num diadema de flores!...

*

Mães da Terra, recordai
O grande exemplo de fé,
Que vos foi e será sempre
Maria de Nazaré!

Ante os filhos que partiram,
Contei o pranto afinal...
Além das sombras da morte,
Triunfa a Vida Imortal...

38

Mediunidade e paz

Se buscas aprimorar
A própria mediunidade,
Meu amigo, não te esqueças
De exercitar a humildade.

Não disputes com ninguém
Os lugares de evidência,
Calando reclamações
Que não tenham procedência.

Faze tudo quanto possas,
Nos deveres que acumulas,
Para manter a harmonia
Do grupo a que te vinculas.

Compreende o companheiro
Que, por vezes, se exaspera,
Pensando na intolerância
Que em ti mesmo ainda impera.

Posiciona-te entre os últimos
Se queres ser o primeiro,
Sempre disposto a escutar,
Falando por derradeiro...

Se, realmente, desejas
Que o mal jamais te aborreça,
Às idéias infelizes
Não alugues a cabeça...

Pois o médium que não busca
Servir em clima de paz,
Na estrada que percorremos,
Fica sempre para trás!...

39

Trovas aos médiuns

O médium que não procura
Fugir à *badalação*,
Crendo ser o que não é,
Termina na obsessão.

*

Médium que joga confete
Para cima, entrando embaixo,
Transforma o dom que possui
Em motivo de esculacho.

*

Médium que imita Narciso,
Adorando a própria imagem,
Um dia, se surpreende
Contemplando uma miragem...

*

Muito médium promissor
Na estrada em que se desloca,
Não raro, tropeça e cai
Ao se envolver em *fofoca.*

*

Não conheço nenhum médium,
Desculpe o tom informal,
Que se pode dar ao luxo
De pensar que seja o tal...

*

Depois que se convenceu
De sua fraqueza humana,
O médium Mané da Serra
Só quer dar passe em Joana...

*

Médium que busca elogios
Como quem não quer ouvi-los,
Tenta enganar a si mesmo
E a quem se atreve a pedi-los...

*

Ao médium que dá de si,
O melhor, seja onde for,
A própria vida confere
O *status* de servidor.

*

Ao médium que se redime
No trabalho meritório,
Não fosse a mediunidade,
Restaria o Sanatório...

*

Mediunidade é uma bênção
Que se reveste de luz,
Para quem busca exercê-la
Com Kardec e com Jesus!

40

De passos firmes

É possível que não contes,
Dentro da própria Doutrina,
Com a compreensão dos confrades
Que criticam-te em surdina.

No entanto, não te entristeças,
Nem te deixes abater,
Continuando, em silêncio,
A cumprir com o teu dever.

Busca fazer o melhor
No que te sintas capaz,
Resguardando a consciência
Sob a tutela da paz.

Na história da Humanidade,
Todo o tempo foi assim:
Quem busca seguir o Cristo,
Suporta dores sem-fim...

Ele mesmo não se furtou
À cruz que o mundo bendiz,
Traído por um amigo
Invigilante e infeliz...

Não te detenhas, portanto,
Escutando a gritaria
De quem quer embaraçar-te
Na estrada do dia-a-dia.

Sem humilhar a ninguém,
Ou desprezar a quem seja,
Prossegue de passos firmes,
Conforme o Mestre deseja.

Quem te *malha* perde tempo
Sobre os caminhos do bem;
Procurando defender-te,
Não percas tempo também...

Deixe falar quem quiser
O que quiser sobre ti;
Perante as lutas que enfrenta,
Cada qual sabe de si.

Reflete nesta sentença
Que excelsa verdade encerra:
"Quanto mais perto do Céu,
Mais sofre o homem na Terra..."

41

Apesar da escuridão

Na hora do testemunho,
É que se vê, meu irmão,
O que temos aprendido
Em matéria de perdão...

É neste exato momento
De amarga e dura lição,
Que avaliamos nós mesmos
Por dentro do coração...

Pois é no instante da prova,
Quando reina a incompreensão,
Que se revela difícil
Ser espírita-cristão...

Que, em verdade, é bem mais fácil
Ao faminto dar um pão,
Que a um companheiro de luta
Estender fraterna mão...

Mas precisamos seguir,
Tropeção em tropeção,
Procurando a luz do amor,
Apesar da escuridão...

Separar trigo de joio
E cultivar união,
Colhendo os frutos da paz
Em bendita floração!...

42

Irmão da mediunidade

Irmão da mediunidade,
Prossegue com tua cruz
Caminhando, passo a passo,
Na senda que te conduz.

Se nas lutas que faceias
Há tanto escárnio e desdém,
Sobre os espinhos que pisas
Há muitas flores também...

Se te sentes vacilar
Nos conflitos que suportas,
Reflete nos corações
Que encorajas e confortas...

Pensa naqueles amigos
Aos quais estendeste a mão
E devolveste a esperança
Ao levantá-los do chão...

Medita nos companheiros,
Perdidos na humana lida,
Que auxiliaste, em silêncio,
A se encontrarem na vida...

Na linha de raciocínio
Dos pensamentos a esmo,
Não fosse a própria tarefa
Que seria de ti mesmo?!...

Ante as inúmeras bênçãos
Que surgem na tua estrada,
Vê que não tens o direito
De te queixares de nada...

E, embora as dificuldades
Que procuras contornar,
Possuis maiores motivos
De sorrir do que chorar...

Sustenta a excelsa charrua
Na gleba da fé sincera,
Preparando sobre o mundo
A Terra da Nova Era!

Irmão da mediunidade,
Companheiro de Jesus,
Persevera no caminho
Do amor, da paz e da luz!

43

Trovas da primavera

A primavera sorri...
De novo, a estação das flores!
Há um perfume de esperança
Consolando as nossas dores!...

*

Cai a semente na terra
E fica esquecida ao léu,
Esperando confiante
Que a chuva caia do céu.

*

O homem é qual a semente
Largada ao solo fecundo
Que, sem o amparo dos Céus,
Nada produz sobre o mundo.

*

Reflitamos na lição
Que reparto entre nós dois:
As flores nascem primeiro,
Os frutos surgem depois.

*

Quem vê a árvore frondosa
E as suas flores bendiz,
Quase nunca se recorda
De bendizer a raiz.

*

Não te queixes de alegria
Que se faça desengano...
Muita árvore floresce
Somente uma vez por ano!

*

A rosa sobre a roseira
É um prodígio de beleza,
Jóia engastada no espinho,
No escrínio da Natureza...

*

A morte é feito um machado
Que os teus sonhos dilapida,
Mas a árvore podada
Ressurge sempre florida.

*

Ó lindas sibipirunas,
Ante o amor que não se acaba,
Sois mensageiras da Vida
Florindo aos céus de Uberaba!

*

Três árvores, três irmãs
Nos caminhos de Jesus...
Três destinos diferentes:
Um berço, um barco, uma cruz!...

44

Olha o relógio...

Meu amigo, olha o relógio...
O tempo passa depressa.
Uma semana termina,
Outra semana começa.

De novo, já é domingo,
Na data que se consuma,
E o nosso papo prossegue
Quase que sem pausa alguma.

O ponteiro dos segundos
Parece brincar com a gente,
Repetindo em tic-tac:
– "Para a frente, para a frente..."

Não deixes para depois
Os teus projetos no bem,
Procurando, desde agora,
Fazer o que te convém.

Sobretudo, não adies
A própria renovação,
Aceitando Jesus Cristo
Por dentro do coração.

Nem esperes que apareça
Melhor oportunidade,
Do que aquela que desfrutas
Servindo na Caridade.

O *amanhã* é uma esperança
Que talvez se concretize,
Mas o *hoje* é uma certeza
No que o homem realize.

Deixa tanta hesitação,
Põe a dúvida de lado.
Quem decide dar de si.
Decide sempre acertado.

Desapega-te dos bens
Que pesam no itinerário,
Guardando apenas contigo
O que te for necessário.

Um dia, breve, quem sabe?,
Eis, enfim, teu necrológio...
Por isto, enquanto na Terra,
Meu amigo, olha o relógio!...

45

9 de outubro de 1861

Em Barcelona, a praça tumultua...
O povo se aglomera ante a fogueira
Que a Inquisição acende, sorrateira,
No mal que o fanatismo perpetua...

A multidão protesta e não recua,
Vaiando em altos brados, sobranceira,
A atitude arbitrária e derradeira
De quem queima a Verdade em plena rua...

Passado mais de um século, no entanto,
O povo agora, assiste, canto a canto,
A vitória da Fé em áureas flamas...

Revivendo o Evangelho de Jesus,
Propaga-se no mundo a excelsa luz
Das obras de Kardec dentre as chamas!...

(Página recebida pelo médium Carlos A. Baccelli, em reunião da Casa Espírita "Bittencourt Sampaio", na noite de 9 de outubro de 1991, em Uberaba – MG)

46

Ante o além

A morte, em si, se compara
Às sombras do anoitecer,
Que o sol da vida dissipa
Ao clarão do alvorecer.

*

Ante as surpresas do Além,
Nesta lição me concentro:
A morte sempre revela
O que trazemos por dentro.

*

No imenso palco do mundo,
Cada ator busca esmerar-se,
Ao fim do drama, no entanto,
Deve tirar o disfarce...

*

Quem "morre", o que mais lamenta,
No momento da partida,
É o tempo que consumiu
Fazendo nada na vida.

*

Na morte, triste ficou
No caminho que era dele...
De tanto "passar o tempo",
O tempo "passou" por ele...

*

Renascer numa família
Com uma herança pequena,
Alegria e fé em Deus,
É como acertar na "sena"...

*

A Terra é campo bendito
De lavra constante e dura,
Onde o homem realiza
Colheita e semeadura.

*

Para o espírito liberto
Que adeja na imensidão,
"Morrer" é voltar ao corpo
Numa nova encarnação...

*

Sob o peso do remorso,
Sem a paz em que se conforte,
Há quem chegue na outra vida
Pedindo *segunda morte...*

*

Saiba quem queira saber,
Na crença a que se devota,
Que Jesus impôs à morte
Definitiva derrota!...

47

Trigo de luz

Meu irmão, pega a charrua
Do Espiritismo cristão,
Trabalhando sem cessar
A gleba do coração.

Cultiva dentro de ti
As sementes da bondade,
Regadas com tua fé
No suor da caridade.

Que o egoísmo – erva daninha –
Não comprometa a lavoura,
Que Jesus, o Mestre Amado,
Junto contigo entesoura.

No labor cotidiano,
Ara e semeia com calma,
Fazendo ao solo do mundo
Florescer a própria alma.

Sejas como a terra fértil
Que o pão da vida produz
Transformando-te em celeiro
Do excelso trigo da luz!

48

Tem razão

O nosso irmão tem razão...
Quem busque a paz por escudo,
Necessita, muitas vezes,
Fazer-se de surdo e mudo...

Entretanto, ainda não basta.
Além de surdos, sem voz,
Precisamos vigiar
A idéia que surge em nós.

Parecendo vir do nada,
O pensamento infeliz
Toma corpo e ganha vida
No que se faz ou se diz.

Postar-se de sentinela
À porta dos pensamentos,
Eis a sábia providência
Para todos os momentos.

Quanto ao mais, é trabalhar
No bem que resume tudo,
Sendo, às ofensas sofridas,
Cego, bobo, surdo e mudo.

49

O grão de areia

Pequenino grão de areia
Que, uma vez, pôs-se a falar,
Clamava perante o céu,
Como se o céu fosse o mar:

– "Por que, meu Deus, me criaste
E me puseste no chão,
Pequenino grão de areia,
Um igual a um milhão?!

Que destino me reservas
Sobre esta praia escaldante,
Em que me vejo na vida
Em sofrimento constante?!...

Dia e noite, noite e dia,
Vivo ao sabor da maré
Que me leva às profundezas,
Aniquilando-me a fé...

Sou infeliz... Nada valho...
Aspiraria não ser,
Nem mesmo aquilo que sou
Em meu triste padecer..."

Neste instante, o grão de areia,
Nessas idéias imerso,
Arrastado pelas ondas
Novamente é submerso...

Inutilmente, reage
Contra a concha nacarada,
Que imagina ser a morte
Com a boca escancarada...

Entretanto, ó maravilha!,
O grão de areia descrente,
Adormece e se transforma
Numa pérola luzente!...
....

Homem, és sobre este mundo,
Em que a sombra te reduz,
Pequenino grão de areia,
Por Deus, destinado à luz...

Caminha ao peso do lenho,
Mesmo seguindo de rastros...
Ao fim da luta terrestre,
Hás de brilhar como os astros!...

50

Presente de Natal

Senhor Jesus, eu queria,
Por presente de Natal,
Um celeiro de alegria
No fundo do meu quintal!

Que esse bendito armazém,
Aberto seja a quem for,
Nunca negasse a ninguém
Os frutos do Teu amor...

Que a esperança aos meus irmãos,
No bem a que nos exortas,
Fosse pão em minhas mãos
A quem me batesse às portas...

Eu queria, Mestre Amado,
Ser a fonte da ventura
Ao peregrino cansado
De tanta luta e amargura...

A palavra de coragem
Feito escora no caminho,
A quem prossegue viagem
Seguindo devagarinho...

Eu queria de verdade
Uma vara de condão,
Que tornasse realidade
Os sonhos do coração...

Unir num fraterno abraço
Os crentes quanto os ateus,
Na certeza a que me enlaço
Que todos somos de Deus...

E que a paz dentro de mim
Não fosse simples quimera,
Brotando qual brota, enfim,
Uma flor na primavera...

Servindo sempre Contigo,
Ante a luz que me reveste,
Queria ser mais amigo
Dos amigos que me deste...

Ah, Senhor, como eu queria,
No fundo do meu quintal,
Um celeiro de alegria
Por presente de Natal!...